LA CONVERSION DV SEIGNEVR DE MOISSAC,

Sur la preuue des Miracles de Sainct LOVYS Roy de France.

Et autres SS. de l'Eglise Catholique Apostolique & Romaine.

Soutenuë en la conference faicte entre le Pere Hilaire Capuchin, & le Ministre dudict lieu le 12. Juillet 1620.

F. A.

C. B.

A PARIS

Iouxte la Coppie Imprimée à Toloze par Pierre Quiesac, Libraire en ladicte Ville.

M. DC. XX.

LA CONVERSION DV SEIGNEVR DE MOISSAC,

Sur la preuue des Miracles de Sainct Louis, Roy de France.

L A puiſſance de DIEV eſt vn gou-ffre de profondeur, c'eſt vn miſtere in-compreh éſible & vne ſource qu'on ne peut eſpuiſer tout ce que nos yeux peuuent conſi-derer, leur denote la toute puiſſan-ce de ce grand Ouurier: le Ciel, & tout ce qui eſt en iceluy, l'air & tout ce qui eſt en iceluy, la terre, & tout ce qui eſt en icelle, la Mer & tout ce

A ij

qui est en icelle, l'Enfer mesme, &
lhorreur d'iceluy tout est par la puis-
sáce du Createur, mais cetuy cy pour
estre supplicié àraison de son orgueil
toutes les Creatures recognoissent
l'estre, la puissance, & la grandeur
de D I E V, mais tous ne la croient pas:
tous les bons Catholiques n'en sont
point en doubte, mais nos Caluini-
mistes pretendus la desauouent, par
la denegation des miracles, qui se
font en l'Eglise Catholique.

Ce mois dernierà Moissac prés de
Toloze fust tenue vne conference,
digne d'estre donnée au public, entre le Pere Hilaire, Capucin & le Ministre de là: & fust ce Parlement ami-
able semond par le Seigneur du lieu
qui estoit de la religion pretenduë
reformée, desireux de s'esclarcir de
la verité, & curieux de son salut: & ce
qui l'auoit porté à cela, apres l'instinct

de l'esprit de D i e v, fuſt ſur quelques
diſcours, qui furent tenus en quelque compagnie ou il eſtoit, où on
parloit des Miracles, qui ſe faiſoit à
noſtre Dame, de Monſarat, leſquels
ledict Seigneur inpugnoit, & diſpu-
toit comme faux, or toute l'aſſem-
blé, luy ſeul reſervé, & vn autre gentil-homme qu'il auoit mené auec
luy, eſtoit Catholique, & l'aſſuroit
d'en auoir veu meſme par experian-
ce les effectz, ausquels on ne pouuoit contredire, n'y debatre: neantmoins il inſiſtoit touſiours en ſon
in-credulité, & deffendoit ſon
party le mieux qu'il pouuoit, pluſoſt
par opiniaſtreté que par bons argu-
mentz, car il eſt bien difficile de refuter la verité des miracles, que
D i e v fait par ſes Sainctz, pour con-
firmer la foy à ſon Egliſe: & ne voulut point entendre, n'y eſcouter les

preuues, que luy en donnoient les plus fidels de la compagnie, si bien qu'ils se separerent sans attirer plus auant le Seigneur, dont ils furent bien faschés, car ils desiroient bien de le conuertir, d'autant qu'il estoit bon, & braue Gentil-homme.

Le Seigneur s'en retourne sans y penser d'auantage, il estoit des plus fermes en sa religion, discoure auec ce Gentil-homme qu'il auoit mené de propos, fort esloignés de ceux cy, & n'eust plus en sa memoire les discours qui s'estoient passés n'y auoit pas lóg temps: mais ceux qui estoiẽt plus soigneux de son ame que luy le furent voir le landemain, & luy porterent vn liure imprimé à Toloze ou estoient les miracles faictz à nostre Dame de Monsarat, en vn Marchant de Nismes grand Huguenot, auec approbation, & le consente-

ment de celuy qui auoit reçeu le be-
nefice, qui depuis s'estoit conuerty,
& est maintenant bon Catholique:
ensemble ils luy porterent aussi vn
autre petit liuret imprimé de l'á pas-
sé à Saulmur ou estoient les miracles
de nostre Dame des Ardilleres faictz
en la personne de Madame Chalan-
dre Religieuse en l'Abaye de Sainct
Onis à Angoulesme, & plusieurs autres liures pour luy monstrer que ce
qu'il luy auoient dit estoit veritable

Le Gentilhomme prist ses liures
& les mist sur sa table, & ne les voulut point lire, ces Messieurs l'en prie-
rent tant qu'à la fin il leur promist
de les lire, & les mena toute la iour-
née promener, & recreer, sás s'y vou-
loir amuser: or au soir apres soupé, il
luy prist enuie de voir dequoy trai-
ctoient ces liures & les leust fort at-

tentiuement:dont il fuſt touché de
voir des choſes ſi miraculeuſes, &
qui eſtoiét approuuées desDocteurs
des Medecins, de la Iuſtice, & des
perſonnes meſmes guerries : ſi bien
que cela le mettant en peine pour
ne ſçauoir comment cela ſe faiſoit,
enuoya le landemain matin querir
le Miniſtre luy preſenta ſes liures, &
luy de manda ſi ce qui eſtoit dedans
eſtoit vray, le miniſtre dit que non,
& que ce n'eſtoiét que des impotu-
res, & menaça le Gentil homme dè
ce qu'il s'amuſoit à telles caiolleries,
diſoit il,

Cependant Monſieur de Moiſſac
qui ne met point de doubte au ſein
de tant de perſonnes dignes de foy
qui l'ateſtoient s'en voulut eſclarcir
plus amplement , & pour cet effect
enuoya dès le iour querir ceux qui

les

les luy auoient apportées, & leur de-
manda si ce n'estoit point chose a-
postée, ilz dirent que non & qu'il fail-
loit croire que cela est vray, Monsieur le Ministre s'en mocque, & dit
que ce n'estoient que Phariboles, ils
luy produirent encore les Histoires
de France (quó ne peut contredire)
& luy firent voir les miracles du Roy
Sainct Louys, ii leur dit que s'il le
vouloient croire qu'ils le creussent,
mais qu'ils n'en croitoit rien quant à
luy, le Gentil-homme qui ne vou-
loit point entrer plus auant entama
autre discours, & Monsieur le ministre s'en alla.

Ainsi que le Ministre s'en fust allé ces Messieurs dirent à Mr de Moissac Mr nous voudrions pour vostre
contentement que vous eussiés en-
tendu vn Capucin que nous auons
icy, qui est tres-habille homme : ils

firent, & tournerent tant ce Gentil-
homme qu'ils le menerent au Ser-
mon le Dimáche douziefme de Iuil-
let, ou il entendoit le Predicateur
par vne petite feneftre, perfonne ne
le voyoit, mais le Capucin accom-
modé à l'occafion qui fe prefentoit
tellement qu'il fift fi bien que des-
lors le Gentil-homme euft enuie de
les voir enfemble luy & le miniftre
a quoy le miniftre reculoit mais il fut
contrainct par fon Seigneur, & s'af-
femblerent le mardy 14. dudict mois
dans le Chafteau de Moiffac, le Pere
Capucin y fuft le premier attendant
le Miniftre difcouroit de la Religió
à Monfieur de Moiffac, & à ceux qui
eftoient auec luy : fur fes difcours
entra le Miniftre, le Pere Capucin
le fut receuoir & luy dit, Monfieur
vous foyés le bien venu : ils fe mirent
incontinent fur le tapis, & le Pere

capucin l'attaquant luy dit: Mõsieur m'a dit q̃ vo⁹ refutiés les miracles qui se font en noftre Eglife, & que vous les foufteniés eftre faulx, ie voudrois bien que vous me donnaffiés quelque bon argument pour me le faire croire.

Le miniftre refpondit que noftre Seigneur Iefus-Chrift auoit mis fin à tous miracles: & alors le Pere Capucin luy dit que les Apoftres qui auoient guary le boiteux entrant au Temple apres l'Afcenfion, auoient donc fait vn faulx miracle: Mr le Miniftre fe trouua la bien empefche', & fe coupa luy mefme de fon coufteau, neantmoins reprenant fes efpris il dit que les Apoftres auoient receu plaine puiffance de Dieu, dont ils pouuoient vfer au mode, mais qu'apres leur mort ils ne pouuoient plus auoir la mefme aucthorité n'y la cõferer aux furuiuans.

Le Pere Capucin repliqua, si les Sainctz ne font des miracles que pédant qu'ils sont au monde, que deuiendra le passage qui dit que *les os d'Elisée pour auoir touché à vn corps mort luy redonnerent la vie.*

Monsieur le ministre fust encore icy plus empesché qu'il n'auoit point esté: mais comme ils ont leur deffaicte tout à propos dit que cela se faisoit au viel Testament pour asseurer le peuple incredule de la puissance de D i e v, mais qu'auiourd'huy que nous sçauons que le Sauueur est venu au monde nous n'auons plus que faire de ses miracles, qui estoiét choses faictes à plaisir.

Sur cela le Pere Capucin produict les miracles de Sainct Louys, estimát qu'il n'auroit pas l'effronterie de démentir tant d'Historiens François, qui tous les raportent comme estant

vrais & digne de memoire, dont no°
auons estimé estre apropos d'en in-
ferer quelques vn icy, pour seruir de
preuue contre l'incredulité.

Premierement l'Histoire r'apporte
que S¹ Louys mort en Afrique estāt
apporté à Sainct Denis, en France, & ĕ
approchant dudict lieu vn enfant af-
fligé d'vne Aposteme dangereuse
pres de l'oreille, qui n'auoit sçeu e-
stre guarie par aucú remede humain
fut rendu sain pour seulemét sa mere
s'estre tenüe sur le chemin ainsi que
le corps de Sainct Louys passoit.

Secondement vne nommée Ti-
phaine fult guerie pour n'estre posse
sur sa sepulture à S¹ Denis, vn autre
fille qui auoit vne tuberosité sur l'œil
grosse comme vn œuf, qui fut guarie
par les prieres que les Parans faisoien
sur le Tombeau de S¹ Louys, & les autres miracles lesquels le ministre ne

peur iamais refuter, & demeura non
muet, car il auoit plus de babil que
de raison.

A prés cela le Pere luy presenta la
conuersion, & le libelle de messieurs
Ferrier, & Côstans l'vn qui auoit esté
ministre de Nismes estimé le plus
habille homme d'entre eux, l'autre
ministre de Xaintes grand person-
nage, & quelqu'vn de la compagnie-
y conioignit celuy de monsieur met
tayer jadis ministre de Lusignan: tel
lement que cela donna occasion au-
dict Seigneur de moissac abiur
l'heresie & se conuertit à l'Eglise Catholique, ce qu'il fit le dimanche d'a-
pres le dixneufiesme dudict mois, &
depuis le ministre n'a pas presché dás
moissac, & on tient qu'il est allé à
Rome Dieu le vueille.

Voila l'heureuse conuersion de ce
Gentil homme, & voila comment

Dieu par diuers moyens attire les ames à luy.

Il est vray que leur dispute fut plus ample qu'elle n'est pas icy car elle dura trois iours tous entiers, & sur diuers poinctz: mais d'autant que celuy, qui à vouleu descrire cette conuersion n'est point versé en Theologie, n'y à point entrée plus auant de peur de se mesprandre, & qu'aussi on espere la voir bien tost en lumiere toute ample & selon la verité.

On void tous les iours de nouuelles conuersions qui monstrent manifestement que l'Eglise Catholique Apostolique & Romaine, est veritablement la vray Eglise dans laquelle il faut mourir pour viure en Paradis.

FIN